交通运输行业关键岗位 安全生产 系列丛书

交通运输部科学研究院交通运输安全研究中心
重庆贝叶科技发展有限公司 编

客运驾驶员
Keyun Jiashiyuan

人民交通出版社股份有限公司
北京

内容提要

本书以道路运输客运驾驶员的日常工作情景为蓝本进行漫画编绘，为驾驶员提供形象直观、行之有效的安全驾驶知识与技能，并剖析了部分交通事故案例，供道路运输客运驾驶员学习参考。

图书在版编目（CIP）数据

客运驾驶员 / 交通运输部科学研究院交通运输安全研究中心，重庆贝叶科技发展有限公司编. — 北京：人民交通出版社股份有限公司，2020.12
（交通运输行业关键岗位安全生产系列丛书）
ISBN 978-7-114-16878-9

Ⅰ.①客… Ⅱ.①交… ②重… Ⅲ.①道路运输—旅客运输—驾驶员—技术培训—教材 Ⅳ.① U471.3

中国版本图书馆 CIP 数据核字 (2020) 第 188825 号

交通运输行业关键岗位安全生产系列丛书
书　　名：客运驾驶员
著　作　者：交通运输部科学研究院交通运输安全研究中心
　　　　　　重庆贝叶科技发展有限公司
责任编辑：姚　旭
责任校对：孙国靖　龙　雪
责任印制：张　凯
出版发行：人民交通出版社股份有限公司
地　　址：（100011）北京市朝阳区安定门外外馆斜街3号
网　　址：http://www.ccpcl.com.cn
销售电话：（010）59757973
总 经 销：人民交通出版社股份有限公司发行部
经　　销：各地新华书店
印　　刷：北京交通印务有限公司
开　　本：880×1230　1/32
印　　张：2.5
字　　数：80千
版　　次：2020年12月　第1版
印　　次：2021年3月　第2次印刷
书　　号：ISBN 978-7-114-16878-9
定　　价：15.00元

（有印刷、装订质量问题的图书由本公司负责调换）

编写委员会

主　编：李志强
副主编：唐　勇　田　建　潘凤明
成　员：高浪华　周　京　王　寻　邓植薰
　　　　李　冰　邵　月　彭建华　姜　瑶
　　　　姜一洲　庞一华　邵　悦　陈旭立

序

《交通强国建设纲要》的发布实施,是以习近平同志为核心的党中央立足国情、着眼全局、面向未来作出的重大战略决策,是新时代做好交通工作的总抓手。交通安全工作作为《交通强国建设纲要》的九大重点工作之一,已经成为交通强国建设的重要支撑和保障。

交通运输行业从业人员众多，"人"作为安全生产工作中的重要因素，其安全素质是决定行业安全生产水平的关键。众多事故中暴露出的交通运输关键岗位从业人员安全意识不强、安全技能不足、安全素质不高等问题仍然突出。打造一批安全素质高、综合能力强、专业本领硬的交通运输从业人员队伍，是筑牢安全生产"人防"底线的重中之重。

按照《交通运输部办公厅关于印发交通运输从业人员安全素质提升实施方案的通知》（交办安监〔2016〕184号）的相关要求，为进一步提升交通运输行业关键岗位从业人员的安全素质，着力解决交通运输从业人员安全意识、知识、技能与交通运输安全发展不相适应等突出问题，交通运输部安全与质量监督管理司组织交通运输安全研究中心等相关单位，编写了交通运输行业关键岗位安全生产系列丛书（漫画口袋书）。希望本套丛书能够成为广大交通运输从业人员安全生产的好帮手。

让我们一起携手努力，为交通强国建设添砖加瓦。

编　者
2020年8月

致客运驾驶员朋友

如果还有如果,我一定不会疲劳驾驶;

如果还有如果,我一定不会超速驾驶;

如果还有如果,我一定不会超员驾驶;

如果还有如果……

亲爱的客运驾驶员朋友，是你们的辛勤付出、平安驾驶，天南海北的人们才能不惧旅途遥远，平安到达；是你们的用心服务、无私奉献，道路旅客运输才能保障经济和社会发展，方便人民群众出行。

请让我们对你们说声："谢谢！"

事故只有一秒，伤害却伴随一生，与其事后忏悔，不如当初谨慎。客运驾驶员责任重大，要不断提升安全文明驾驶水平，规范驾驶行为，提高风险防控意识，未雨绸缪，积极参与应急演练，提高自身应急处置能力，掌握避险方法，为旅客运输筑牢安全生产防线。

开车多小心，亲人才放心。广大客运驾驶员朋友们，您的平安，是家人的最大心愿，更是一切幸福生活的根基。希望每一位客运驾驶人珍爱自己和他人的生命，守规则，除隐患，守护平安，呵护幸福！

编 者

2020年8月

目录 CONTENTS

第一章	驾驶员身心健康及保障	1
第二章	驾驶员安全告知	5
第三章	安全驾驶注意事项	10
第四章	应急处置与事故处理	30
第五章	防御性驾驶	46
第六章	近年重特大交通事故教训	49
第七章	正面典型	64
常备药品		68
常用救援电话		69

第一章

驾驶员身心健康及保障

驾驶员,年龄限,身体好,证件全

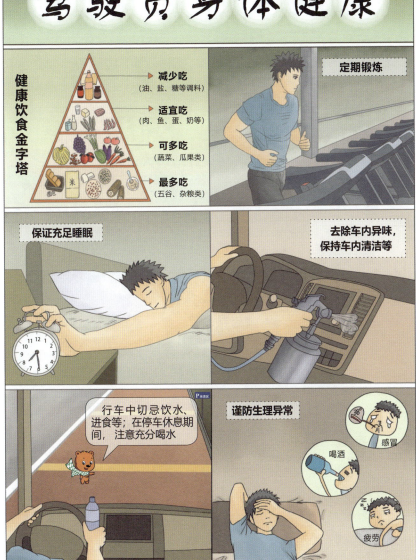

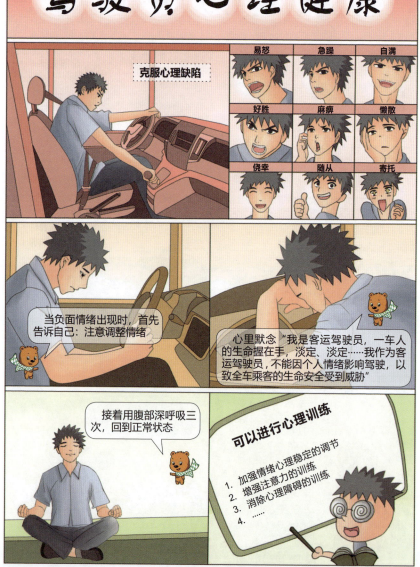

第二章

驾驶员安全告知

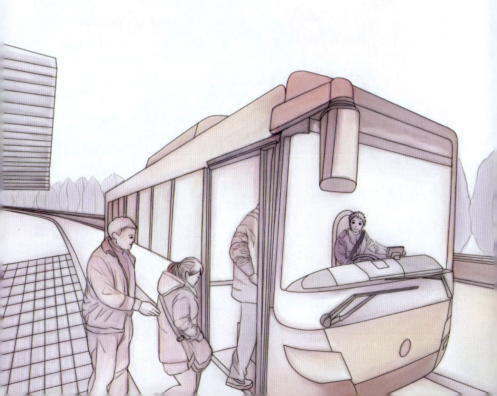

开车前,讲安全,知原理,再上路

开车前安全告知

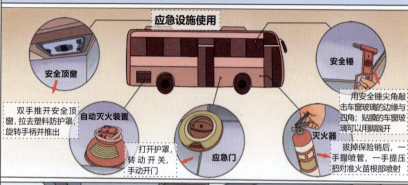

报告乘车信息

驾驶员应向乘客报告:驾驶员姓名、线路、始发站、中途停靠站、终点站、运行距离、运行时间、途中休息时间、天气、道路、车牌号码、核定载客人数和行业主管部门及公司投诉举报电话等信息。

查行李，禁带品，勿乱放，更别忘

拿放行李注意事项

仔细排查行李

禁带品
- 枪支弹药
- 爆炸品
- 管制刀具
- 毒品
- 违禁药品
- 易燃物
- 化学原料

行李放在托架时要注意不要坠落

大件行李应放在行李舱；禁止堆放于门窗、过道等位置

提醒乘客，下车时，勿忘拿或错拿行李

第三章
安全驾驶注意事项

出车前检查

1. 对汽车润滑油（脂）、燃料、冷却液、制动液及液压油等工作介质和轮胎气压等进行检查、补给；确保行车前车辆油液充足、清洁和性能良好，轮胎气压符合要求；确保连接装置牢固可靠

2. 对车辆轮胎、转向、制动、悬架、灯光信号等部位和装置以及发动机运转状态进行检查

3. 检查 GPS 终端设备运行是否正常

行车中检查

1 本项检查在行车中途休息时进行，重点检查轮胎气压、表面磨损并剔除车轮花纹间的镶嵌物

2 天气炎热时，应检查车轮轮毂温度，若温度过高，应将车停在阴凉通风处自然降温

3 注意观察仪表工作情况，及时发现车辆运行过程中的异响、异味、渗漏等非正常状态

4 检查乘客行李等物品的捆扎情况

1. 对车辆进行清洁，保持车容和发动机外表整洁

2. 对车辆进行检查，记录车辆行驶的情况

3. 如有故障，详细记录车辆故障状况，及时报修；故障未排除的不得继续运行

4. 认真填写行车日志，每月安全学习时将行车日志交回安全部门

收车后检查

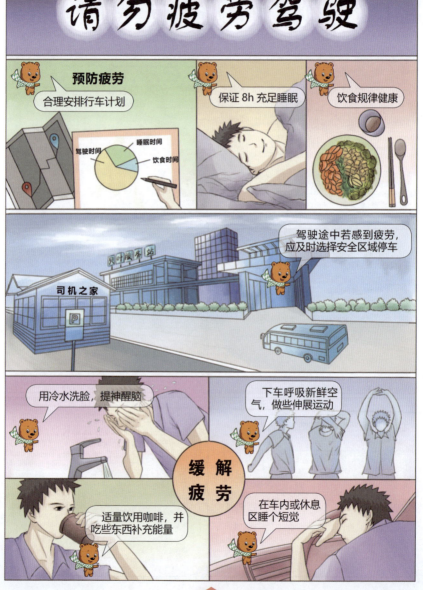

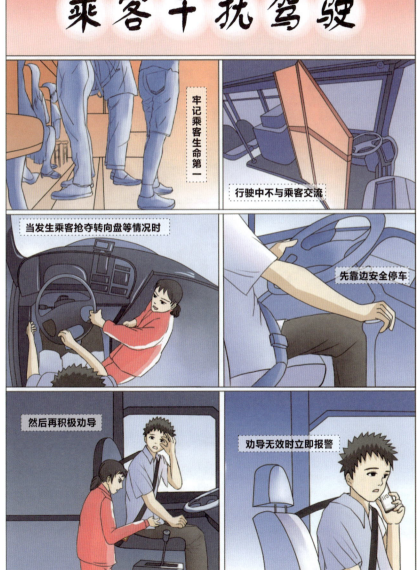

遇施工，要警惕，路不平，小心行

下雨天，要慢速，路坑洼，别盲目

高温下,车易病,多检查,勤降温

为防止发动机过热,可将冷却液温度控制在95℃以下,如温度过高,应停车降温,可打开发动机舱盖通风散热

发动机缺冷却液而过热时,应在发动机怠速状态下,向散热器中徐徐加入冷却液

令胎压为正常胎压的90%左右,发现胎温、胎压过高时,应停车等其恢复正常

注意检视制动效能,谨防制动失灵

佩戴一副偏光太阳镜,保护眼睛,防止疲倦

准备充足的饮用水,调整好身心状态

第四章

应急处置与事故处理

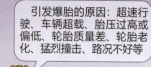

刹不住,先降挡,拉手刹,强脱险

转向盘，安全弦，若失控，要制动

转向失控

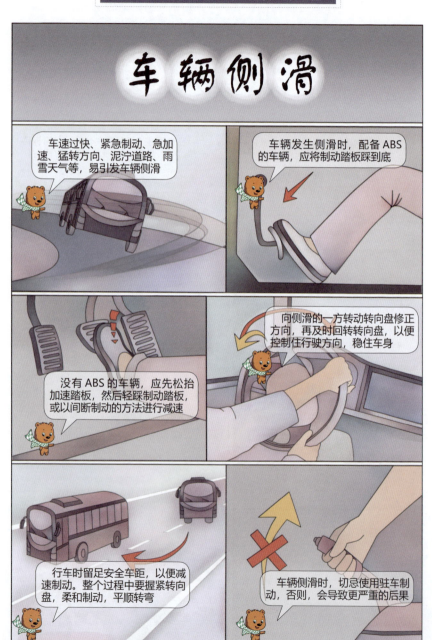

车侧翻,速逃生,撑起身,找门窗

车辆侧翻

车落水，砸门窗，水压平，快游离

车辆落水

进水后第一时间熄火，抓紧 2min 的黄金时间自救

打开安全带，或用利物割开

待车内外水深基本持平，用安全锤等破开门窗

车门由于水压不易打开，向空气较多的门窗靠近

破开门窗后，迅速逃离

游泳或浮至水面，用漂浮物自救，或等待救援

车燃烧，先熄火，蒙口鼻，匍匐行

车辆燃烧

当车辆起火时，要保持冷静，尽快安全停车并迅速熄火

打开门窗，疏散乘客至安全地点

若在隧道等无法辨位的地段，可用水打湿衣物，掩住口鼻，匍匐前进

若火势可控，可寻找起火点，用车载灭火器自行扑灭

若火势不可控，应立即拨打119，等待消防人员前来救援

前方车，莫紧跟，防坠物，生祸根

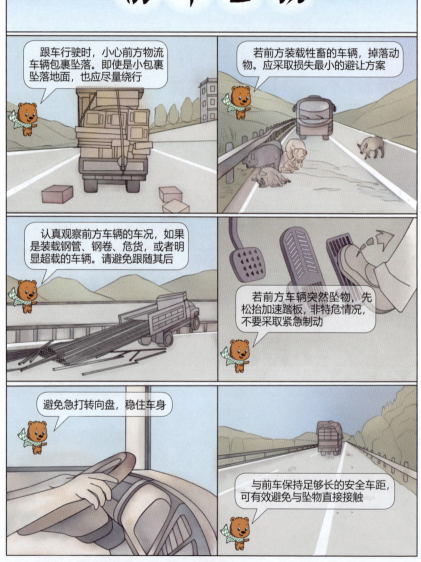

第五章

防御性驾驶

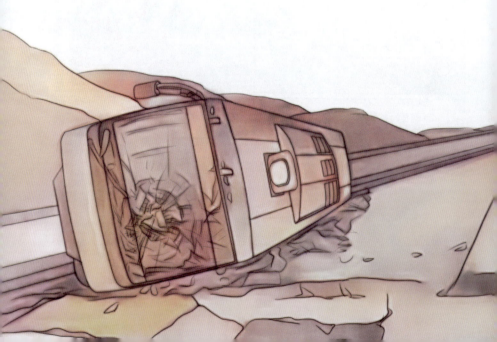

概念

防御性驾驶是一种确保驾驶员远离险情、提前应对的安全驾驶理念和技巧,是一种先进的主动安全驾驶技能。

防御性驾驶的核心理念就是"预防",做到防御性驾驶,"眼睛"要永远先于车辆"抵达"前方,及早发现险情,提前做好预防措施。

第六章

近年重特大交通事故教训

心理 急躁易怒

"10·28" 重庆万州公交坠江事件

事故经过：

2018年10月28日10时08分，重庆万州一辆22路公交车，在万州长江二桥行驶时，向左偏离越过中心实线，然后撞击对向正常行驶的红色小轿车后，最后撞断护栏，坠入江中造成15人死亡、失踪，救援人员先后打捞出13名遇难者遗体。

事故起因：

乘客和驾驶员之间的互殴行为，造成车辆失控，致使车辆与对向正常行驶的小轿车撞击后坠江，造成重大人员伤亡。乘客在乘坐公交车过程中，与正在驾车行驶中的公交车驾驶员发生争吵，攻击驾驶员，实施危害车辆行驶安全的行为。公交车驾驶员与乘客互殴，严重违反公交车驾驶员职业规定。

事故警示：

驾车心态放平缓，
暴躁易怒危险来。
分清轻重与缓急，
保持镇定莫慌乱。

心理报复社会

"5·9"山东威海隧道燃烧事故

事故经过：

  2017年5月9日上午9时许，威海某国际学校附属幼儿园租用一辆车牌号为鲁K49167的车辆到威海高新区接幼儿上学，行经环翠区陶家夼隧道时，车辆发生起火燃烧事故，致使11名幼儿（5名韩国籍、6名中国籍）遇难，驾驶员当场死亡，随车女教师经抢救无效死亡。

事故起因：

  该事故是一起人为实施的纵火案件，该车驾驶员因短时间内加班补助、夜班费被接连停发，致使其工资收入骤减，心怀不满，蓄意报复社会，继而实施纵火。

事故警示：

  违禁物品检查好，安全行车不能少。
报复心理不能要，确保安全大家好。

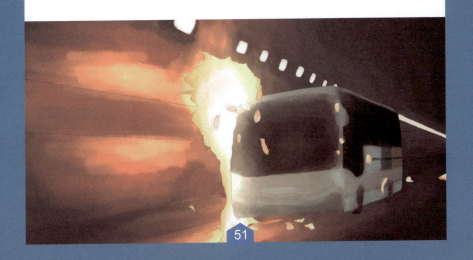

身体疲劳驾驶

"8·10"陕西秦岭隧道口撞墙事故

事故经过：

2017年8月10日23点34分，一辆客车自成都驶往洛阳，途经京昆高速公路安康段秦岭一号隧道南口1164㎞+930m时，撞向隧道口发生交通事故。事故共造成36人死亡，13人受伤。

事故起因：

涉事驾驶员长期跟车出行导致休息不充分。发生碰撞前，驾驶员未采取转向、制动等任何安全措施，处于严重疲劳状态。经事故地点时，疲劳驾驶、超速行驶，致使车辆向道路右侧偏离，正面冲撞秦岭1号隧道洞口端墙。

事故警示：

疲劳驾驶极危险，车毁人亡一瞬间。
长途驾驶隐患多，适度休息再行车。

身体疲劳驾驶

"6·29"京港澳高速公路疲劳驾驶事故

事故经过:

2018年6月29日20时41分许,某汽车运输公司一辆大型客车,豫Q52298(核载55人,实载30人),由南往北行驶至京港澳高速公路衡东段1602km处时,越过中央护栏与对面行驶罐车发生碰撞。

截至6月30日12时,事故共造成18人死亡,14人受伤。危货车装载的危险化学品(环己酮)在事故后,通过雨水渗透至高速公路两旁的菜地农田和灌溉水渠,受污染区域面积约7280m^2,损失费用156.21万元。

事故起因:

大客车内置驾驶员视频记录仪显示驾驶员有明显疲劳现象,如眨眼睛、打哈欠、嚼槟榔、抽烟等行为,已属于深度疲劳驾驶。危货车行驶记录仪显示该车在行车道正常行驶。

事故警示:

高速驾驶易疲劳,确保休息很重要。
劳逸结合保安全,平安行车不能忘。

违法超载超速

"2·20"江西宁都客车侧翻事故

事故经过：

2018年2月20日上午10时30分，瑞金市某公司一辆中型普通客车，由瑞金市驶往瑞林乡，当行至江西省赣州市宁都县对坊乡境内319国道429km+200m处转弯下坡时，车辆冲出路外，翻入约10m深沟。事故共造成11人当场遇难，20人受伤。

事故起因：

涉事客车超员，核载19人，实载31人，超载53%。涉事客车超速行驶，超速75%。涉事客车在事故发生时，驾驶员和车内乘客均未系安全带，车辆失控后，人员互相挤压或被甩出车外，造成重大人员伤亡。

事故警示：

客车超员酿祸端，遵章守法保平安。
盲目超车险象生，超速疾驰悔一生。

违法 超载 超速

"4·17"贵州开阳客车坠河事故

事故经过：
2017年4月17日9时30分，某公司所属中型客车（荷载19人，实载23人），从开阳县城驶往瓮安县途中，在省道S305线342km+150m处（洛旺河大桥）坠桥，造成17人死亡、6人受伤、直接经济损失1426万余元。

事故起因：
首先是超速行驶，本事故涉事客车事故发生时车速为41.5km/h，该路段限速为30km/h，车辆超速行驶；其次客车超载，本事故涉事客车，在事故发生时处于超员状态，核载19人，实载23人，超员4人；最后是驾驶员操作不当，本事故涉事驾驶员在紧急情况下应急能力不强，驾驶操作不当，没有保持安全行驶车距，安全意识不强，应急操作培训不到位，最终导致事故发生。

事故警示：

超员行驶损车路，交通违法多事故。
勿要超速急赶路，莫拿生命做赌注。

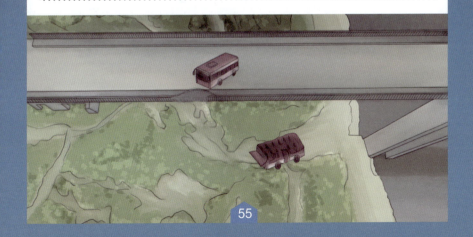

违法超速行驶

"7·6"广东广河高速公路客车翻车事故

事故经过：

2017年7月6日12时55分，某公司所属大型客车粤VV1351（核载49人，实载49人），从广州开往揭西，在广河高速公路龙门永汉合口路段，车辆失控向左偏离行驶与高速公路中间隔离带剐蹭后失控翻车，造成19人死亡、30人受伤，直接经济损失3152.17万元。

事故起因：

首先是超速行驶，本事故涉事客车离开合口隧道后至事故发生前的平均行驶速度为107.5~122.3km/h，属超速行驶；其次，操作不当，本事故涉事驾驶员在路面湿滑情况下操作不当，导致车辆失控偏离行驶方向与高速公路中央分隔带护栏发生碰撞后翻车。

事故警示：

十次事故九次快，心情急躁事故来。
雨天行驶道路滑，控制车速慎急刹。

违法超速行驶

"2·20"桂林客车隧道撞墙事故

事故经过：

2019年2月20日19时33分，某大型客车从四川省泸县立石镇方向往广东中山市方向行驶，行至G65包茂高速公路合作村隧道内2441km+100m处，大客车失控并直接撞上隧道墙壁，车体发生变形。事故共造成4人死亡、3人重伤、16人轻微伤，直接经济损失约450万元。

事故起因：

驾驶员进入隧道后违反标志标线的规定，超速行驶，从左侧车道超过前方右侧车道大货车后，越过道路实线向右变更车道时，导致车辆发生侧滑、甩尾并失控，最后避险措施不当，车头直接撞上隧道港湾式紧急停车带边墙。其次，大同民航和丰旅游汽车有限公司安全生产主体责任未落实，该车跨省游标志牌逾期，对车辆动态监控系统未有效管理，未制订安全生产教育培训计划，未组织实施生产安全事故应急救援预案演练，未对驾驶员进行安全培训。

事故警示：

标志标线要记牢，提前选好行车道。
隧道行车风险高，违规变道不能要。

违法非法载货

"7·1"津蓟客车爆胎坠河事故

事故经过：

2016年7月1日晚，一辆从河北省邢台市出发驶往辽宁省沈阳市的长途卧铺客车，途经津蓟高速公路宝坻区尔王庄镇小高庄段时发生事故。车辆爆胎后冲出路外，坠入高速公路桥下的闫东渠内。该事故造成26人死亡，4人受伤，直接经济损失约2383.4万元。

事故起因：

客车右前轮爆胎是事故发生的直接原因。经调查，排除右前轮轮胎因质量问题导致爆裂，而是该车除了实载30名乘客外，还违规装载9420kg货物，该车事故时总质量为25476kg，严重超出客车设计总质量约7476kg，增加了大型卧铺客车的轴荷，大型卧铺客车右前轮轮胎由于承受较大载荷，并使其下沉量过大致使胎压过高导致爆裂。其次，河北邢台市运输管理部门客运安全监管责任没有落实，车辆动态监控检查不力。

事故警示：

违规装载不可取，血泪教训要汲取。
车辆爆胎危险大，握稳方向责任大。

违法 危险物品

"3·22"湖南客车起火爆炸事件

事故经过:
　　2019年3月22日19时15分许,湖南常长高速公路西向东方向,在常德市汉寿县太子庙服务区附近,一辆从河南郑州开出的柴油旅游大巴豫AZ8999(机动车所有人为河南迅驰汽车旅游服务有限公司)突然起火。该车核载59人,实载56人,其中乘客53人、驾驶员2人、导游1人。事故共造成26人死亡,28人受伤。

事故起因:
　　该事故系该车乘客非法携带易燃易爆危险品乘车而引发客车爆燃。乘客因买卖纠纷电话协商不成,欲前往广西桂林当面协商,如不成则威胁、报复卖家。途中,其非法携带的烟火药意外爆燃,引发客车起火事故。乘客已在事故中死亡。

事故警示:

危险物品存隐患,仔细排查是关键。
车辆起火危害大,安全逃生保平安。

违法接打手机

"8·20"贵州客车侧翻坠沟事故

事故经过:

2016年8月20日20时10分许,一辆中型客车从贵州安顺驶往紫云途中,在209省道(222km+300m)紫云县枫香塘路段发生侧翻,右侧车身与道路左侧钢筋混凝土防护栏端头碰撞后翻坠入6.2m深的路沟中。该车实载39人,事故共造成11人死亡,28人受伤,直接经济损失861万元。

事故起因:

驾驶员违反道路交通安全法规,行车中连续5次接打手持电话,约人打麻将,未集中精力谨慎驾驶、超速行驶。致使车行至枫香塘时,由于连续下坡转弯,路面潮湿,驾驶员未能及时减速制动,车辆发生侧滑坠入深沟。

事故警示:

分神驾驶易出事,使用手机惹祸端。
雨天减速慢行驶,集中精力平安伴。

路况 意外天灾

"7·11"松潘客车被飞石砸中事故

事故经过:

2019年7月11日14时5分,国道213线四川省阿坝州松潘县岷江乡场镇往成都方向约2km,一辆旅游客车被山上滚落的飞石击中,事件造成8人死亡,16人受伤。该客车核载人数37人,实载30人。

事故起因:

事发地国道213线沿岷江而行,双向两车道的道路两侧皆有陡峭的山体。山上滚落的飞石击中客车。事发后旅游客车已不在现场,在道路左侧山体下部一片绿色草坪上,留下两道疑似事发旅游客车的车辙。草坪上散落着大大小小几十块石头。其中最大的一块巨石,长约2米,高约1米,约有1t重,直接撞进了客车内。

事故警示:

特殊情况巧应对,车辆行驶要警戒。
应急处置技巧多,掌握方法保行车。

车况 制动失效

"11·3"甘肃兰海车辆相撞事故

事故经过:
　　2018年11月3日19时21分许,在兰海高速公路兰州南收费站,一辆拉运塔式起重机的辽宁籍半挂车沿兰海高速公路由南向北行驶,经17km长下坡路段,行驶至距兰州南收费站50m处,与排队等候缴费通行的车辆发生碰撞,造成重大道路交通事故。事故已造成15人死亡,44人受伤,31车受损。

事故起因:
　　辽宁省籍驾驶员自诉早已发现车辆制动有问题,但未能及时检修。于是在17km的长下坡路段,因频繁采取制动,导致车辆制动失效。此外,驾驶员是第一次在该路段行驶,不了解路况,车辆失控后速度加快,惊慌失措下也没有找沿途避险车道,最后在距兰州南收费站50m处与31辆车连续相撞。

事故警示:

制动失效易失控,控制方向不偏行。
熟悉路况是前提,防御驾驶不能急。

车况 雨天爆胎

"4·2"沪宁车辆连环相撞事故

事故经过:

2016年4月2日下午1时许,沪宁高速公路常州段横林枢纽往东南京往上海方向路段,2辆大货车不慎相撞翻车,导致后方3辆大客车、20余辆小客车在多点多段相继追尾相撞。事故共造成3人死亡、31人受伤、56辆车受损。

事故起因:

造成连环车祸的首要原因是一辆货车突然爆胎横在路上,由于雨天路滑,后方的货车没能及时制动,与之相撞。后面的车辆未能看清前方状况,没有与前车保持安全车距,于是20余辆车先后追尾,造成一场多车多段相撞的惨剧。

事故警示:

雨天路滑事故多,小心切勿莽行车。
安全距离产生美,避免急刹不追尾。

第七章

正面典型

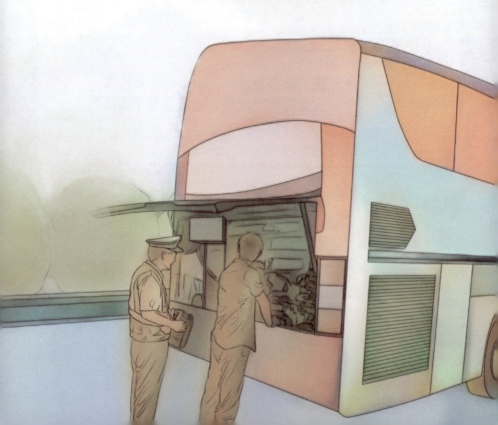

前方轿车失控

时速96km 5s制动　33名乘客有惊无险

正面典型简介：

　　2019年8月20下午3点53分，在G2京沪高速公路靖江路段，一辆小轿车突然爆胎失控，向右横穿三个车道，撞坏了应急车道的护栏，然后360°旋转，横停在车道中央。

　　此时，裴师傅驾驶的由盐城开往苏州的载满33名乘客的大客车，距离失控车不到100m。眼看两车越来越近，裴师傅必须立刻采取措施才能躲过这一劫。可如果立即猛打转向盘，大客车有很大可能导致侧翻，并且会撞到周围车辆，这样车内33名乘客的性命都会受到威胁。最糟糕的是客车后方还有一辆大客车，如果处理不及时，很有可能造成连环撞车事故，情况十分危急。

正面典型学习：

　　关键时刻，裴师傅保持冷静，稳握转向盘保持方向不变，然后不停地采取间断制动。当时车速是96km/h，1s能开出近27m的距离，所以100m用5s制动也非常紧张。但就在这惊魂一刻，在距离失控车辆只有不到100m的距离时，裴师傅的车竟然仅用了5s的时间就稳稳停住。当车子停住的时候，每个人都长舒了一口气。

　　裴师傅的冷静态度让人佩服，他不光避免了一场事故，更救了33名乘客甚至更多人的性命。裴师傅曾是一名军人，退伍后从事大客车驾驶，已经保持27年的安全行驶记录，大家纷纷为他点赞，称他为"英雄司机"。

前方货车甩尾

3s挽救17名乘客生命　高速上演"神躲避"

正面典型简介：

　　2017年5月23日下午，南通汽运集团海安分公司862车队驾驶员张勇驾驶苏F29037大客车，执行丁山至海安班车任务，车上载有17名乘客。

　　14：14左右，当车行至锡澄高速公路与沿江高速公路交汇处时，大雨如注，大客车以80km/h的速度在第二车道正常行驶，前方一辆半挂大货车从沿江高速并入锡澄高速，货车因雨天弯道并道车速过快，车辆突然失控，180°掉头逆向横着甩到大客车前方。面对突发险情，张师傅临危不乱，他凭着本能的反应和多年的驾驶经验，瞬间成功躲避了横撞而来的大货车，避免了一起高速公路上两车迎面对撞、车毁人亡的恶性事故。

正面典型学习：

　　驾驶员张勇当时的第一反应就是轻踩制动踏板，接着轻打转向盘借道，往左打一把方向，然后往右回一把方向。处理这一突发情况时，听到后面乘客一阵惊呼声，那辆半挂大货车几乎和大客车擦肩而过。估计两车相距不到1m的距离。

　　862车队队长：他的安全驾驶技能全面，我发现他过每个路口都提前减速。然后注意瞭望，礼让三分。人民的生命和财产安全高于一切，这在平时就贯彻在我们的驾驶过程中，遵章守纪，依法开车……

轮胎脱落爆胎

爆胎后沉着处置 31名乘客成功脱险

正面典型简介：

2018年12月13日，一辆从昆明发往临沧的客车在楚大高速公路行驶，车上搭载了31名乘客。快到南华收费站时，专注的驾驶员突然用余光看到了一个不明物体从车旁飞驰而过，师傅定睛一看，竟然是一条轮胎在高速上滚动跳跃着，而且它还"欢快地"超过了自己的车！与此同时，车辆方向发生偏移，师傅惊觉是自己车的左后轮的轮胎脱落了，并且由于承载压力过大，另一个轮胎发生爆胎。

危急时刻，驾驶员没有慌张，先是稳住转向盘，然后采取紧急制动，第一时间将车辆靠边停车。由于采取措施及时，尽管车辆又发生了爆胎，客车还是平稳地停在路边。停车后，驾驶员立刻报了警，并联系客运公司派其他车辆转移这31名在高速公路路边等候的乘客，并求助交警联系施救车辆，将车辆移出高速公路进行修理，整个救援过程仅耗时半个小时。

正面典型学习：

在此提醒各位驾驶员，在出行前，一定要提前检查车况，确保行车安全。同时，驾驶员在行车中必须高度专注，务必把谨慎驾驶铭记于心，并付诸行动，才能保障出行平安。只有这样，才能及时发现险情，然后冷静处理，从而避免各类恶性事故的发生。最后，遇到事故第一时间要报警处理，等待救援。

常备药品

1. 晕车药品
2. 止吐药
3. 消炎药
4. 创可贴
5. 止血消毒棉棒
6. 简易包扎网布、绷带
7. 速效救心丸等

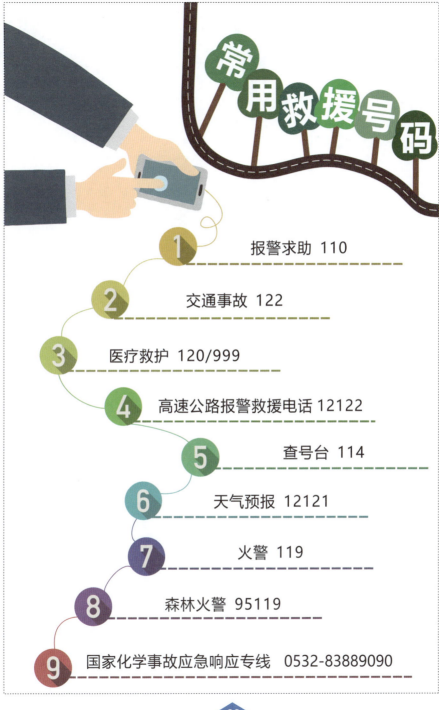